CATALOGUE

D'UNE JOLIE RÉUNION

D'OBJETS D'ART

MARBRES SCULPTÉS, BRONZES ITALIENS & FRANÇAIS

Belles Pendules en bronze et marqueterie, Chenets, Lustres, Candélabres, Cartels, Flambeaux des époques Louis XIV, Louis XV et Louis XVI, Porcelaines anciennes de Sèvres, de Chine, de Saxe et du Japon ;

FAIENCES FRANÇAISES & ITALIENNES

Vases, Cornets, Assiettes, Corbeilles, Soupières, Plats, Figurines, Groupes, Armes orientales, Meubles anciens en bois sculpté et marqueterie; Tapisseries anciennes des Gobelins et d'Aubusson;

Un très-beau Christ en écaille, Nécessaire en argent, un bel Écran Louis XVI, Glaces Vénitiennes, Émaux, Objets en fer, Verre ie de Bohême, Curiosités diverses;

TABLEAUX ANCIENS & MODERNES

PARMI LESQUELS ON REMARQUE :

Les Quatre Éléments, vastes compositions par **BON BOULONGNE**

FAISANT PARTIE DE LA SUCCESSION DE **M. LHERBETTE**, ANCIEN DÉPUTÉ

et provenant du Château de la Malmaison

DONT LA VENTE AURA LIEU

HOTEL DROUOT, SALLE N° 5

Les Vendredi 9 & Samedi 10 Décembre 1864

A UNE HEURE ET DEMIE

Par le ministère de Mᵉ **DUTITRE**, Commissaire-Priseur,
rue de Richelieu, 8,

Assisté de **M. DHIOS**, Expert, rue Le Peletier, 33,

CHEZ LEQSUELS SE TROUVE LE PRÉSENT CATALOGUE.

EXPOSITION PUBLIQUE

Le JEUDI 8 Décembre 1864, de une heure à cinq heures.

PARIS — 1864

RENOU ET MAULDE

IMPRIMEURS DE LA COMPAGNIE DES COMMISSAIRES-PRISEURS

Rue de Rivoli, 144

CATALOGUE

D'UNE JOLIE RÉUNION

D'OBJETS D'ART

MARBRES SCULPTÉS, BRONZES ITALIENS & FRANÇAIS

Belles Pendules en bronze et marqueterie, Chenets, Lustres, Candélabres, Cartels, Flambeaux des époques Louis XIV, Louis XV et Louis XVI, Porcelaines anciennes de Sèvres, de Chine, de Saxe et du Japon ;

FAIENCES FRANÇAISES & ITALIENNES

Vases, Cornets, Assiettes, Corbeilles, Soupières, Plats, Figurines, Groupes, Armes orientales, Meubles anciens en bois sculpté et marqueterie ; Tapisseries anciennes des Gobelins et d'Aubusson ;

Un très-beau Christ en écaille, Nécessaire en argent, un bel Écran Louis XVI, Glaces Vénitiennes, Émaux, Objets en fer, Verre ie de Bohème, Curiosités diverses ;

TABLEAUX ANCIENS & MODERNES

PARMI LESQUELS ON REMARQUE :

Les Quatre Éléments, vastes compositions par **BON BOULONGNE**

FAISANT PARTIE DE LA SUCCESSION DE **M. LHERBETTE**, ANCIEN DÉPUTÉ

et provenant du Château de la Malmaison

DONT LA VENTE AURA LIEU

HOTEL DROUOT, SALLE N° 5

Les Vendredi 9 & Samedi 10 Décembre 1864

A UNE HEURE ET DEMIE

Par le ministère de Me **DUTITRE**, Commissaire-Priseur,
rue de Richelieu, 8,

Assisté de **M. DHIOS**, Expert, rue Le Peletier, 33,

CHEZ LESQUELS SE TROUVE LE PRÉSENT CATALOGUE.

EXPOSITION PUBLIQUE

Le Jeudi 8 Décembre 1864, de une heure à cinq heures.

PARIS — 1864

CONDITIONS DE LA VENTE

Elle sera faite au comptant.

Les Acquéreurs paieront, en sus du prix d'adjudication, CINQ pour CENT, applicables aux frais.

CATALOGUE

DES OBJETS

Marbres, Sculptures.

1 — Deux bustes en marbre blanc : têtes d'Empereurs romains.

2 — Vase antique avec couvercle orné de bas-reliefs.

3 — Médaillon en marbre blanc : tête d'Empereur romain.

4 — Deux beaux vases forme Médicis en marbre, dit d'Italie, ornés de bas-reliefs sur la panse.

5 — Beau médaillon en porphyre rouge d'Orient encadré de marbre blanc : tête d'Empereur.

6 — Deux coupes rondes en marbre Fleur de Pêcher.

7 — Une statuette en pierre : l'Amour forgeron.

Bronzes, Pendules.

8 — Deux petites sirènes en bronze Louis XVI sur socle en marbre blanc.

9 — Cheval en bronze florentin sur socle en marbre noir.

10 — Deux très-beaux flambeaux Louis XIV.

11 — Une grande pendule et deux candélabres en bronze doré au mat. (Empire.)

12 — Une grande pendule régulateur avec cage en acajou, forme monumentale.

13 — Un très-beau cartel rocaille : figures de femme et Amours, fleurs et feuillages; bronze ciselé et doré, époque Louis XV.

14 — Une jolie pendule Louis XIV en marqueterie de cuivre, orné de bronzes finement ciselés.

15 — Deux flambeaux bronzes, style florentin.

16 — Une petite pendule plaquée d'écaille rouge et ornée de bronzes dorés.

17 — Une paire de chenets, en bronze doré avec boule et flamme.

18 — Une lanterne d'antichambre en bronze doré du temps de Louis XVI.

19 — Deux candélabres appliques à 2 lumières en bronze, époque Louis XVI.

20 — Deux autres à figures de cariatides, époque Louis XV.

21 — Une pendule : l'Amour forgeron, bronze du temps de Louis XVI.

22 — Deux girandoles Louis XV en bronze argenté.

23 — Deux bustes en bronze sur socles en marbre : Henri IV et Gabrielle.

24 — Une petite pendule Louis XVI, avec figure de femme assise.

25 — Une paire de flambeaux Louis XIII en bronze doré.

26 — Deux flambeaux Louis XV, bronze argenté.

27 — Une paire de chenets Louis XV à figures d'enfants.

28 — Une paire de candélabres en bronze montés sur vases en porcelaine.

29 — Un grand lustre bronze et cristal.

30 — Une pendule en vernis Martin avec socle.

31 — Une pendule en marqueterie ancienne.

32 — Une paire de grands flambeaux Louis XVI en bronze argenté.

33 — Deux vases en ancien bronze Japonnais, très-curieux de forme.

34 — Poule et coq, groupe en bronze, ancien travail japonais.

35 — Une pendule en ancien boule, ornée de bronzes dorés, finement ciselés.

Porcelaines de Sèvres.

36 — Deux jolis vases en porcelaine de Sèvres, pâte tendre, fond blanc : dessins à fleurs.

37 — Une petite tasse à relief.

38 — Une petite jardinière.

39 — Deux sceaux en porcelaine tendre, bleu lapis avec une belle monture en bronze doré.

40 — Une assiette en porcelaine de Sèvres, fond rose, avec médaillon à sujet pastoral : trophées et guirlandes.

41 — Une écuelle avec plateau et couvercle en porcelaine de Sèvres, décors d'oiseaux et fleurs.

Porcelaines de Chine et du Japon.

42 — Une coupe ronde, craquelé, monture en bronze doré.

43 — Deux petits vases craquelés.

44 — Dix assiettes rondes à soupe, fond blanc, filet d'or et dessins à fleurs.

45 — Un vase bleu de Perse, avec couvercle.

46 — Une paire de grandes jardinières en porcelaine du Japon, décors en camaïeu bleu.

47 — Une autre paire, plus petites.

48 — Trois jolis vases, forme Louis XVI, avec médaillons peints en grisaille, représentant des sujets mythologiques, *porcelaine de l'ancienne fabrique de Lille.*

49 — Un bol avec couvercle et plateau en porcelaine du Japon.

50 — Une cafetière en porcelaine vieux Japon, monture en bronze doré.

51 — Un Cabaret en porcelaine de Chine.

52 — Une Potiche en vieux Japon camaïeu, montée richement en bronze doré.

Faïences françaises.

53 — Perroquet en faïence coloriée.

54 — Un pot avec couvercle représentant un ours ; faïence
blanche de Nevers.

55 — Une belle aiguière, ornée d'arabesques en relief ;
même fabrique.

56 — Une autre aiguière, forme de perroquet, fond
bleu.

57 — Un loup, faïence blanche ; même fabrique.

58 — Très-belle aiguière avec son plateau, de Moustiers.

59 — Jolie coupe agatisée, faïence de Nancy.

60 — Un compotier fond blanc, dessins à bouquets de
fleurs.

61 — Soixante-quatre assiettes plates, fond blanc, dessins
à bouquets de fleurs. (Ce lot sera divisé.)

62 — Soixante-seize assiettes plates, dessins à fleurs et
bords dentelés. (Ce lot sera divisé.)

63 — Quatre compotiers du même dessin.

64 — Une saucière, forme rocaille.

65 — Un saladier, id.

66 — Un huilier, id.

67 — Trois sucriers avec leurs couvercles.

68 — Une petite soupière ovale, avec couvercle et plateau.

69 — Une grande corbeille à fruits, ronde et à jour, dessins à fleurs.

70 — Deux plus petites, mêmes dessins et formes.

71 — Trois grandes corbeilles ovales, à jour.

72 — Trois moyennes, id.

73 — Une grande jardinière ovale, à contour dentelé.

74 — Deux petites rondes, id.

75 — Trois moyennes demi-rondes, à dos plat.

76 — Une assiette fond blanc, dessins à fleurs à huit pans.

77 — Un plat moyen.

78 — Une grande soupière ronde, avec plateau et couvercle.

79 — Deux lions en faïence de Rouen.

80 — Deux grands vases en faïence.

81 — Un grand vase en faïence fond blanc.

Faïences italiennes.

82 — Une paire de cornets, ancienne fabrique de Castel-Durante.

83 — Une paire de cornets, ancienne fabrique de Castel-Durante.

84 — Une paire de cornets, fabrique de Faenza. Très-rare.

85 — Une paire de cornets plus petits, fabrique d'Urbino.

86 — Deux vases à anses, aux armes d'un cardinal; ancienne fabrique de Savone.

87 — Un vase cylindrique, fabrique d'Urbino, d'un bel émail et très-riche de couleurs.

88 — Deux vases ronds, même fabrique, même qualité.

89 — Deux vases ronds, camaïeu bleu, ancienne fabrique de Faenza.

90 — Deux vases cylindriques, id.

91 — Deux jolies brocca, ancienne fabrique de Faenza ; qualité rare, d'un bel émail.

92 — Un vase à deux anses, même fabrique, même décor.

93 — Un charmant petit vase, ancienne fabrique de Venise.

94 — Un grand plat, même fabrique.

95 — Une coupe à godrons, très-riche de décor, ancienne fabrique de Castel-Durante.

96 — Une id., même décor, même fabrique.

97 — Deux beaux vases de forme gracieuse, richement décorés de sujets tirés de l'histoire ancienne ; imitation des meilleurs maîtres de Castelli.

98 — Deux vases plus petits ; même décor, même fabrique.

99 — Un très-beau plat en faïence italienne de la fabrique de Gubbio. Le sujet représente la Résurrection de Lazare ; cadre bois noir et dorure.

100 — Deux vases en faïence italienne , décorés d'arabesques.

101 — Deux bustes en faïence italienne. Personnages du XVIe siècle.

102 — Deux vases en faïence italienne, forme cylindrique; monture en bois sculpté.

103 — Deux plaques en faïence italienne. Sujets en relief: Saints en prières.

104 — Jolie bouteille, dit bleu de Perse.

105 — Une autre, plus petite.

106 — Une autre, id., à dessins à fleurs.

107 — Une coupe avec son plateau.

108 — Un pot en faïence d'Allemagne, fond blanc et figures, avec couvercle en plomb.

109 — Un pot en faïence hollandaise, avec dessins, fleurs en or.

110 — Bol avec plateau fond gris, dessin blanc à relief, de Wedgvonod.

111 — Treize assiettes rondes, dentelées, fond blanc et or.

112 — Une bouteille-jumelle en verre de Bohême.

Armes.

113 — Un sabre oriental à lame en damas, fourreau et poignée en argent repoussé.

114 — Un autre sabre, lame en damas, avec poignée et fourreau ornés de plaques damasquinées or.

115 — Un très-beau yatagan, avec poignée et fourreau en
argent doré.

116 — Un autre, avec poignée en argent niellé et fourreau
en argent repoussé.

117 — Un poignard avec manche en ivoire.

118 — Un poignard lame en damas damasquiné or, manche en ivoire garni en velours, avec plaques niel-
lées.

119 — Plusieurs pièces seront divisées sous ce numéro.

Meubles anciens.

120 — Un petit bureau de dame en bois de rose et palis-
sandre, époque Louis XV.

121 — Un petit bureau Louis XVI, en acajou garni de cuivre.

122 — Un grand coffre en bois sculpté.

123 — Un grand meuble à deux corps, avec fronton en
bois sculpté, du temps de Louis XIV.

124 — Un grand meuble en bois sculpté, à quatre portes
et deux tiroirs, avec colonnettes.

125 — Une table en noyer, posée sur huit pieds à colonnes
torses.

126 — Un beau meuble de salon en bois doré, recouvert en
tapisserie, composé d'un canapé, six fauteuils et
six chaises (treize pièces).

127 — Un petit coffret en marqueterie ancienne.

Tapisseries.

128 — Dix pièces de tapisseries anciennes, formant rideaux et portières à sujets, d'après Boucher, et paysages.

129 — Deux id., fleurs et fruits.

130 — Une id., formant tableau : Sainte Thérèse.

131 — Un canapé, quatre fauteuils et devant de cheminée. Dessin des Gobelins.

132 — Un lot de tapisseries au petit point. Dessins variés.

133 — Un petit tableau en soie, représentant Marie-Louise et le roi de Rome.

134 — Un id., fleurs et fruits.

135 — Panneaux, tapis, cantonnières, rideaux, lambrequins et fauteuils en tapisserie d'Aubusson. (Ce numéro sera divisé.)

Objets divers.

136 — Magnifique Christ en écaille blonde, posé sur une croix en écaille brune, chef-d'œuvre unique et sans précédent en cette matière précieuse. Le travail de cet objet a été dirigé par feu Thierrée, tabletier à Paris; la sculpture est du sculpteur Norest.

137 — Un très-beau nécessaire de voyage en argent et vermeil, composé de vingt-quatre pièces.

138 — Une charmante petite montre Louis **XVI**, en or,
ornée d'un bel émail.

139 — Un très-bel écran ancien, en bois sculpté et doré,
orné d'une jolie tapisserie ancienne, représentant
une offrande à l'Amour.

140 — Une fontaine avec son bassin en émail de Chine, dé-
corée de figures, fleurs et arabesques.

141 — Une grande caisse en fer peint, époque Louis **XIII.**

142 — Vingt-six pièces verres et carafes, ancienne verrerie
de Bohême.

143 — Deux burettes, verre de Bohême.

144 — Deux grands verres à pieds gravés, avec **couvercles.**

145 — Un grand verre à choppe, gravé.

146 — Un triptyque en ivoire sculpté, représentant la Vierge
et l'Enfant Jésus entourés de Saints.

147 — Une glace Louis **XIII**, avec encadrement en bois
noir gravé.

148 — Une glace vénitienne à fronton cintré, avec encadre-
ments à arabesques.

149 — Une autre, plus petite.

150 — Un fronton : bas-relief en terre cuite.

152 — Une grande boîte à ouvrage, à compartiments, en
laque de Chine.

152 — Un petit rouet en acajou et argent.

153 — Une boîte en bois de sandal sculpté; travail **chinois.**

154 — Un instrument de musique et une cuiller ornée d'é-
caille et d'ambre.

155 — Un vitrail suisse ancien.

156 — Un devant de cheminée en peau et plumes d'au-
truche.

157 — Un sabre indien, avec incrustation.

158 — Un émail italien du xve siècle.

159 — Une peinture sur écaille : la Madeleine, avec encadrement émaillé.

160 — Une grande glace Louis XIV en bois doré.

161 — Un lustre en cristal de Bohême.

162 — Un pot à anses en grès, émaillé bleu.

163 — Un vase à anse en cuivre gravé.

164 — Une corbeille en bronze.

165 — Une boucle en filigrane d'argent.

166 — Un petit coffre italien en bois sculpté.

167 — Divers objets omis au catalogue.

TABLEAUX ANCIENS & MODERNES

BOULLONGNE (Bon)

168 — Quatre grands tableaux, représentant les quatre
Éléments, provenant du château de la Malmaison.

Hauteur, 3 mètres; largeur, 5 mètres.

GÉRICAULT (Attribué à)

169 — Étude de cheval.

MICHEL CARRE

170 — Paysage et Animaux.

ÉCOLE MODERNE

171 -- Tête d'Odalisque.

ÉCOLE ITALIENNE

172 — La Danse des Muses. (Grisaille.)

ÉCOLE MODERNE

173 — Portrait d'Homme.

ÉCOLE FRANÇAISE

174 — Lion dévorant un mouton. Dessin au bistre rehaussé de blanc.

MÊME ÉCOLE

175 — Apothéose d'un saint. Très-beau dessin.

PAUL DUTREIH, 1850

176 — Grand Paysage.

MUSIN (F.)

177 — Marine; mer houleuse.

GUDIN (T.), 1861, signé.

178 — Plage d'un port de mer animé d'un grand nombre de figures.

COOMANS (A.), 1865

179 — Moutons et Poules dans un pâturage.

DU MÊME

180 — Pendant du précédent.

VAN STRY

181 — Troupeau de vaches gardées par une bergère qui parle et un cavalier.

GRIFF

182 — Lièvre et Perdrix.

LEYS (H.). d'après OSTADE

183 — Le Marchand de poisson.

VAN DYCK (Attribué à)

184 — Le Christ mort.

RAOUX

185 — La Cueillette des fruits.

LANCRET (Attribué à)

186 — L'Oiseau en cage.

VIGÉE (Louis), 1785

187 — Portrait de jeune Femme. (Pastel ovale.)

ÉCOLE ITALIENNE

188 — Deux Tableaux ovales ; sujets de sainteté.

LAVIGNIA FONTANA

189 — Deux Portraits de Femmes.

FRIGO

190 — Portrait d'Homme.

DOMINIQUIN

191 — Portrait d'un Cardinal.

CARLO DOLCI

192 — Le Mariage de la Vierge.

GUERCHIN

193 — Cléopâtre.

ÉCOLE ITALIENNE

194 — L'Enlèvement des Sabines.

LUCA GIORDANO

195 — Sujets tirés de l'Histoire sacrée.
Deux pendants.

BAGNA CAVALLO

196 — Sainte Famille.

MARIODEIFIORI

197 — Bouquets de fleurs dans des vases.
Deux pendants.

JULES ROMAIN (École de)

198 — David touchant de la harpe.

TIÉPOLO (École de)

199 — Moïse frappant le rocher.

PANINI (Genre de)

200 — Architecture. (Deux pendants.)

BRONZINO

201 — Vénus et l'Amour.

MANTÉGNA (École de)

202 — La Mise au tombeau.

CARRACHE

203 — Le Christ descendu de la croix.

TIÉPOLO

204 — Assomption de la Vierge.

FRANCK

205 — Une sainte Martyre.

INCONNU

206 — Petit Paysage.

ÉCOLE ITALIENNE

207 — Pansement d'un blessé.

208 — Une très-belle gravure représentant une Fête flamande, d'après le tableau de Rubens qui est au Musée du Louvre.

Renou et Maulde, imprimeurs de la Compagnie des Commissaires-Priseurs, rue de Rivoli, 144.